中华人民共和国
海南自由贸易港法

中国法制出版社

中华人民共和国海南自由贸易港法

ZHONGHUA RENMIN GONGHEGUO HAINAN ZIYOU MAOYIGANGFA

经销/新华书店

印刷/保定市中画美凯印刷有限公司

开本/850 毫米×1168 毫米 32 开　　印张/1 字数/12 千

版次/2021 年 6 月第 1 版　　2024 年 1 月第 6 次印刷

中国法制出版社出版

书号 ISBN 978-7-5216-1953-9　　定价：4.00 元

北京市西城区西便门西里甲 16 号西便门办公区

邮政编码：100053　　传真：010-63141600

网址：http：//www.zgfzs.com　　**编辑部电话：010-63141673**

市场营销部电话：010-63141612　　**印务部电话：010-63141606**

（如有印装质量问题，请与本社印务部联系。）

目　录

中华人民共和国主席令

第八十五号

《中华人民共和国海南自由贸易港法》已由中华人民共和国第十三届全国人民代表大会常务委员会第二十九次会议于2021年6月10日通过，现予公布，自公布之日起施行。

中华人民共和国主席　习近平

2021年6月10日

中华人民共和国
海南自由贸易港法

（2021年6月10日第十三届全国人民代表大会常务委员会第二十九次会议通过）

目　　录

第一章　总　　则

第一条　为了建设高水平的中国特色海南自由贸易港，推动形成更高层次改革开放新格局，建立开放型经济新体制，促进社会主义市场经济平稳健康可持续发展，制定本法。

第二条　国家在海南岛全岛设立海南自由贸易港，分步骤、分阶段建立自由贸易港政策和制度体系，实现贸易、投资、跨境资金流动、人员进出、运输来往自由便利和数据安全有序流动。

海南自由贸易港建设和管理活动适用本法。本法没有规定的，适用其他有关法律法规的规定。

第三条　海南自由贸易港建设，应当体现中国特色，借鉴国际经验，围绕海南战略定位，发挥海南优势，推进改革创新，加强风险防范，贯彻创新、协调、绿色、开放、共享的新发展理念，坚持高质量发展，坚持总体国家安全观，坚持以人民为中心，实现经济繁荣、社会文明、生态宜居、人民幸福。

第四条　海南自由贸易港建设，以贸易投资自由化便利化为重点，以各类生产要素跨境自由有序安全便捷流动和现代产业体系为支撑，以特殊的税收制度安排、高效的社会治理体系和完备的法治体系为保障，持续优化法治化、国际化、便利化的营商环境和公平统一高效的市场环境。

第五条 海南自由贸易港实行最严格的生态环境保护制度，坚持生态优先、绿色发展，创新生态文明体制机制，建设国家生态文明试验区。

第六条 国家建立海南自由贸易港建设领导机制，统筹协调海南自由贸易港建设重大政策和重大事项。国务院发展改革、财政、商务、金融管理、海关、税务等部门按照职责分工，指导推动海南自由贸易港建设相关工作。

国家建立与海南自由贸易港建设相适应的行政管理体制，创新监管模式。

海南省应当切实履行责任，加强组织领导，全力推进海南自由贸易港建设各项工作。

第七条 国家支持海南自由贸易港建设发展，支持海南省依照中央要求和法律规定行使改革自主权。国务院及其有关部门根据海南自由贸易港建设的实际需要，及时依法授权或者委托海南省人民政府及其有关部门行使相关管理职权。

第八条 海南自由贸易港构建系统完备、科学规范、运行有效的海南自由贸易港治理体系，推动政府机构改革和职能转变，规范政府服务标准，加强预防和化解社会矛盾机制建设，提高社会治理智能化水平，完善共建共治共享的社会治理制度。

国家推进海南自由贸易港行政区划改革创新，优化行政区划设置和行政区划结构体系。

第九条 国家支持海南自由贸易港主动适应国际经济贸易规则发展和全球经济治理体系改革新趋势，积极开展国际交流合作。

第十条 海南省人民代表大会及其常务委员会可以根据本法，结合海南自由贸易港建设的具体情况和实际需要，遵循宪法规定和法律、行政法规的基本原则，就贸易、投资及相关管理活动制定法规（以下称海南自由贸易港法规），在海南自由贸易港范围内实施。

海南自由贸易港法规应当报送全国人民代表大会常务委员会和国务院备案；对法律或者行政法规的规定作变通规定的，应当说明变通的情况和理由。

海南自由贸易港法规涉及依法应当由全国人民代表大会及其常务委员会制定法律或者由国务院制定行政法规事项的，应当分别报全国人民代表大会常务委员会或者国务院批准后生效。

第二章　贸易自由便利

第十一条　国家建立健全全岛封关运作的海南自由贸易港海关监管特殊区域制度。在依法有效监管基础上，建立自由进出、安全便利的货物贸易管理制度，优化服务贸易管理措施，实现贸易自由化便利化。

第十二条　海南自由贸易港应当高标准建设口岸基础设施，加强口岸公共卫生安全、国门生物安全、食品安全、商品质量安全管控。

第十三条　在境外与海南自由贸易港之间，货物、物品可以自由进出，海关依法进行监管，列入海南自由贸易港禁止、限制进出口货物、物品清单的除外。

前款规定的清单，由国务院商务主管部门会同国务院有关部门和海南省制定。

第十四条　货物由海南自由贸易港进入境内其他

地区（以下简称内地），原则上按进口规定办理相关手续。物品由海南自由贸易港进入内地，按规定进行监管。对海南自由贸易港前往内地的运输工具，简化进口管理。

货物、物品以及运输工具由内地进入海南自由贸易港，按国内流通规定管理。

货物、物品以及运输工具在海南自由贸易港和内地之间进出的具体办法由国务院有关部门会同海南省制定。

第十五条 各类市场主体在海南自由贸易港内依法自由开展货物贸易以及相关活动，海关实施低干预、高效能的监管。

在符合环境保护、安全生产等要求的前提下，海南自由贸易港对进出口货物不设存储期限，货物存放地点可以自由选择。

第十六条 海南自由贸易港实行通关便利化政策，简化货物流转流程和手续。除依法需要检验检疫或者实行许可证件管理的货物外，货物进入海南自由贸易港，海关按照有关规定径予放行，为市场主体提供通关便利服务。

第十七条 海南自由贸易港对跨境服务贸易实行

负面清单管理制度，并实施相配套的资金支付和转移制度。对清单之外的跨境服务贸易，按照内外一致的原则管理。

海南自由贸易港跨境服务贸易负面清单由国务院商务主管部门会同国务院有关部门和海南省制定。

第三章　投资自由便利

第十八条　海南自由贸易港实行投资自由化便利化政策，全面推行极简审批投资制度，完善投资促进和投资保护制度，强化产权保护，保障公平竞争，营造公开、透明、可预期的投资环境。

海南自由贸易港全面放开投资准入，涉及国家安全、社会稳定、生态保护红线、重大公共利益等国家实行准入管理的领域除外。

第十九条　海南自由贸易港对外商投资实行准入前国民待遇加负面清单管理制度。特别适用于海南自由贸易港的外商投资准入负面清单由国务院有关部门会同海南省制定，报国务院批准后发布。

第二十条　国家放宽海南自由贸易港市场准入。

海南自由贸易港放宽市场准入特别清单（特别措施）由国务院有关部门会同海南省制定。

海南自由贸易港实行以过程监管为重点的投资便利措施，逐步实施市场准入承诺即入制。具体办法由海南省会同国务院有关部门制定。

第二十一条　海南自由贸易港按照便利、高效、透明的原则，简化办事程序，提高办事效率，优化政务服务，建立市场主体设立便利、经营便利、注销便利等制度，优化破产程序。具体办法由海南省人民代表大会及其常务委员会制定。

第二十二条　国家依法保护自然人、法人和非法人组织在海南自由贸易港内的投资、收益和其他合法权益，加强对中小投资者的保护。

第二十三条　国家依法保护海南自由贸易港内自然人、法人和非法人组织的知识产权，促进知识产权创造、运用和管理服务能力提升，建立健全知识产权领域信用分类监管、失信惩戒等机制，对知识产权侵权行为，严格依法追究法律责任。

第二十四条　海南自由贸易港建立统一开放、竞争有序的市场体系，强化竞争政策的基础性地位，落实公平竞争审查制度，加强和改进反垄断和反不正当竞争执法，保护市场公平竞争。

海南自由贸易港的各类市场主体，在准入许可、经营运营、要素获取、标准制定、优惠政策等方面依法享受平等待遇。具体办法由海南省人民代表大会及其常务委员会制定。

第四章　财政税收制度

第二十五条　在海南自由贸易港开发建设阶段，中央财政根据实际，结合税制变化情况，对海南自由贸易港给予适当财政支持。鼓励海南省在国务院批准的限额内发行地方政府债券支持海南自由贸易港项目建设。海南省设立政府引导、市场化方式运作的海南自由贸易港建设投资基金。

第二十六条　海南自由贸易港可以根据发展需要，自主减征、免征、缓征除具有生态补偿性质外的政府性基金。

第二十七条　按照税种结构简单科学、税制要素充分优化、税负水平明显降低、收入归属清晰、财政收支基本均衡的原则，结合国家税制改革方向，建立符合需要的海南自由贸易港税制体系。

全岛封关运作时，将增值税、消费税、车辆购置税、城市维护建设税及教育费附加等税费进行简并，在货物和服务零售环节征收销售税；全岛封关运作后，进一步简化税制。

国务院财政部门会同国务院有关部门和海南省及时提出简化税制的具体方案。

第二十八条 全岛封关运作、简并税制后，海南自由贸易港对进口征税商品实行目录管理，目录之外的货物进入海南自由贸易港，免征进口关税。进口征税商品目录由国务院财政部门会同国务院有关部门和海南省制定。

全岛封关运作、简并税制前，对部分进口商品，免征进口关税、进口环节增值税和消费税。

对由海南自由贸易港离境的出口应税商品，征收出口关税。

第二十九条 货物由海南自由贸易港进入内地，原则上按照进口征税；但是，对鼓励类产业企业生产的不含进口料件或者含进口料件在海南自由贸易港加工增值达到一定比例的货物，免征关税。具体办法由国务院有关部门会同海南省制定。

货物由内地进入海南自由贸易港，按照国务院有关规定退还已征收的增值税、消费税。

全岛封关运作、简并税制前，对离岛旅客购买免税物品并提货离岛的，按照有关规定免征进口关税、进口环节增值税和消费税。全岛封关运作、简并税制后，物品在海南自由贸易港和内地之间进出的税收管理办法，由国务院有关部门会同海南省制定。

第三十条 对注册在海南自由贸易港符合条件的企业，实行企业所得税优惠；对海南自由贸易港内符合条件的个人，实行个人所得税优惠。

第三十一条 海南自由贸易港建立优化高效统一的税收征管服务体系，提高税收征管服务科学化、信息化、国际化、便民化水平，积极参与国际税收征管合作，提高税收征管服务质量和效率，保护纳税人的合法权益。

第五章 生态环境保护

第三十二条 海南自由贸易港健全生态环境评价

和监测制度，制定生态环境准入清单，防止污染，保护生态环境；健全自然资源资产产权制度和有偿使用制度，促进资源节约高效利用。

第三十三条 海南自由贸易港推进国土空间规划体系建设，实行差别化的自然生态空间用途管制，严守生态保护红线，构建以国家公园为主体的自然保护地体系，推进绿色城镇化、美丽乡村建设。

海南自由贸易港严格保护海洋生态环境，建立健全陆海统筹的生态系统保护修复和污染防治区域联动机制。

第三十四条 海南自由贸易港实行严格的进出境环境安全准入管理制度，加强检验检疫能力建设，防范外来物种入侵，禁止境外固体废物输入；提高医疗废物等危险废物处理处置能力，提升突发生态环境事件应急准备与响应能力，加强生态风险防控。

第三十五条 海南自由贸易港推进建立政府主导、企业和社会参与、市场化运作、可持续的生态保护补偿机制，建立生态产品价值实现机制，鼓励利用市场机制推进生态环境保护，实现可持续发展。

第三十六条 海南自由贸易港实行环境保护目标责任制和考核评价制度。县级以上地方人民政府对本级人民政府负有环境监督管理职责的部门及其负责人和下级人民政府及其负责人的年度考核，实行环境保护目标完成情况一票否决制。

环境保护目标未完成的地区，一年内暂停审批该地区新增重点污染物排放总量的建设项目环境影响评价文件；对负有责任的地方人民政府及负有环境监督管理职责的部门的主要责任人，一年内不得提拔使用或者转任重要职务，并依法予以处分。

第三十七条 海南自由贸易港实行生态环境损害责任终身追究制。对违背科学发展要求、造成生态环境严重破坏的地方人民政府及有关部门主要负责人、直接负责的主管人员和其他直接责任人员，应当严格追究责任。

第六章 产业发展与人才支撑

第三十八条 国家支持海南自由贸易港建设开放型生态型服务型产业体系，积极发展旅游业、现代服务业、高新技术产业以及热带特色高效农业等重点产业。

第三十九条 海南自由贸易港推进国际旅游消费

中心建设，推动旅游与文化体育、健康医疗、养老养生等深度融合，培育旅游新业态新模式。

第四十条 海南自由贸易港深化现代服务业对内对外开放，打造国际航运枢纽，推动港口、产业、城市融合发展，完善海洋服务基础设施，构建具有国际竞争力的海洋服务体系。

境外高水平大学、职业院校可以在海南自由贸易港设立理工农医类学校。

第四十一条 国家支持海南自由贸易港建设重大科研基础设施和条件平台，建立符合科研规律的科技创新管理制度和国际科技合作机制。

第四十二条 海南自由贸易港依法建立安全有序自由便利的数据流动管理制度，依法保护个人、组织与数据有关的权益，有序扩大通信资源和业务开放，扩大数据领域开放，促进以数据为关键要素的数字经济发展。

国家支持海南自由贸易港探索实施区域性国际数据跨境流动制度安排。

第四十三条 海南自由贸易港实施高度自由便利开放的运输政策，建立更加开放的航运制度和船舶管理制度，建设“中国洋浦港”船籍港，实行特殊的船舶登记制度；放宽空域管制和航路限制，优化航权资源配置，提升运输便利化和服务保障水平。

第四十四条 海南自由贸易港深化人才发展体制机制改革，创新人才培养支持机制，建立科学合理的人才引进、认定、使用和待遇保障机制。

第四十五条 海南自由贸易港建立高效便利的出境入境管理制度，逐步实施更大范围适用免签入境政策，延长免签停留时间，优化出境入境检查管理，提供出境入境通关便利。

第四十六条 海南自由贸易港实行更加开放的人才和停居留政策，实行更加宽松的人员临时出境入境政策、便利的工作签证政策，对外国人工作许可实行负面清单管理，进一步完善居留制度。

第四十七条 海南自由贸易港放宽境外人员参加职业资格考试的限制，对符合条件的境外专业资格认定，实行单向认可清单制度。

第七章 综合措施

第四十八条 国务院可以根据海南自由贸易港建

设的需要，授权海南省人民政府审批由国务院审批的农用地转为建设用地和土地征收事项；授权海南省人民政府在不突破海南省国土空间规划明确的生态保护红线、永久基本农田面积、耕地和林地保有量、建设用地总规模等重要指标并确保质量不降低的前提下，按照国家规定的条件，对全省耕地、永久基本农田、林地、建设用地布局调整进行审批。

海南自由贸易港积极推进城乡及垦区一体化协调发展和小城镇建设用地新模式，推进农垦土地资产化。

依法保障海南自由贸易港国家重大项目用海需求。

第四十九条 海南自由贸易港建设应当切实保护耕地，加强土地管理，建立集约节约用地制度、评价标准以及存量建设用地盘活处置制度。充分利用闲置土地，以出让方式取得土地使用权进行开发的土地，超过出让合同约定的竣工日期一年未竣工的，应当在竣工前每年征收出让土地现值一定比例的土地闲置费。具体办法由海南省制定。

第五十条 海南自由贸易港坚持金融服务实体经济，推进金融改革创新，率先落实金融业开放政策。

第五十一条 海南自由贸易港建立适应高水平贸

易投资自由化便利化需要的跨境资金流动管理制度，分阶段开放资本项目，逐步推进非金融企业外债项下完全可兑换，推动跨境贸易结算便利化，有序推进海南自由贸易港与境外资金自由便利流动。

第五十二条 海南自由贸易港内经批准的金融机构可以通过指定账户或者在特定区域经营离岸金融业务。

第五十三条 海南自由贸易港加强社会信用体系建设和应用，构建守信激励和失信惩戒机制。

第五十四条 国家支持探索与海南自由贸易港相适应的司法体制改革。海南自由贸易港建立多元化商事纠纷解决机制，完善国际商事纠纷案件集中审判机制，支持通过仲裁、调解等多种非诉讼方式解决纠纷。

第五十五条 海南自由贸易港建立风险预警和防控体系，防范和化解重大风险。

海关负责口岸和其他海关监管区的常规监管，依法查缉走私和实施后续监管。海警机构负责查处海上走私违法行为。海南省人民政府负责全省反走私综合治理工作，加强对非设关地的管控，建立与其他地区的反走私联防联控机制。境外与海南自由贸易港之间、海南自由贸易港与内地之间，人员、货物、物品、运输工具等均需从口岸进出。

在海南自由贸易港依法实施外商投资安全审查制度，对影响或者可能影响国家安全的外商投资进行安全审查。

海南自由贸易港建立健全金融风险防控制度，实施网络安全等级保护制度，建立人员流动风险防控制度，建立传染病和突发公共卫生事件监测预警机制与防控救治机制，保障金融、网络与数据、人员流动和公共卫生等领域的秩序和安全。

第八章　附　　则

第五十六条　对本法规定的事项，在本法施行后，海南自由贸易港全岛封关运作前，国务院及其有关部门和海南省可以根据本法规定的原则，按照职责分工，制定过渡性的具体办法，推动海南自由贸易港建设。

第五十七条　本法自公布之日起施行。

关于《中华人民共和国海南自由贸易港法（草案）》的说明

——2020年12月22日在第十三届全国人民代表大会常务委员会第二十四次会议上

全国人大常委会法制工作委员会主任　沈春耀

全国人民代表大会常务委员会：

我受委员长会议委托，作关于《中华人民共和国海南自由贸易港法（草案）》的说明。

一、制定海南自由贸易港法的重大意义

支持海南逐步探索、稳步推进中国特色自由贸易港建设，分步骤、分阶段建立自由贸易港政策和制度体系，是习近平总书记亲自谋划、亲自部署、亲自推动的改革开放重大举措，是党中央着眼国内国际两个大局，深入研究、统筹考虑、科学谋划作出的战略决策。制定海南自由贸易港法，贯彻落实以习近平同志为核心的党中央的决策部署，以高质量立法引领推动高质量发展，为海南自由贸易港的建设和平稳有序运行提供法律保障，具有重要意义。

第一，制定海南自由贸易港法，是贯彻党中央决策部署、落实国家重大战略、以立法引领和保障改革的重要举措。党的十九大以来，党中央和习近平总书记对建设海南自由贸易港作出了一系列重要部署。2018 年和 2020 年，中共中央、国务院先后印发了《关于支持海南全面深化改革开放的指导意见》和《海南自由贸易港建设总体方案》，专门对海南全面深化改革开放和海南自由贸易港建设进行规划设计。制定海南自由贸易港法，将党中央关于建设海南自由贸易港的决策部署转化为法律规范，为海南自由贸易港建设提供立法引领和法治保障，对于全面深化改革，全面依法治国，有效发挥法治固根本、稳预期、利长远的保障作用，十分重要。

第二，制定海南自由贸易港法，是进一步彰显我国对外开放、推动经济全球化决心的客观要求。当今国际环境复杂多变，经济全球化遭遇更大的逆风和回头浪。在新的历史条件下，我国扩大对外开放和推动经济全球化的步伐从未减弱。制定海南自由贸易港法，保障海南自由贸易港在法治轨道上有序运行，打造法治化、国际化、便利化的营商环境，推动海南成为新时代全面深化改革开放的新标杆，有利于充分展示我国建立对外开放新格局、坚定不移全面扩大开放、推动建设开放型世界经济的意志和决心。

第三，制定海南自由贸易港法，是从国家立法层面为海南自由贸易港实现制度创新、系统协调推进改革提供法律基础的实际需要。海南自由贸易港政策制度体系的核心是制度创新，需要积极探索建立适应自由贸易港建设的更加灵活高效的法律法规、监管模式和管理体制，逐步形成在国家法制统一前提下的海南自由贸易港法律法规体系。制定海南自由贸易港法，对自由贸易港的功能定位、运行方式、管理模式进行顶层设计，有利于加强制度设计的系统性与协调性，保障政策措施的稳定性与权威性，避免各级各类法律规范在适用中可能出现的冲突，使各项制度措施相互配合、相得益彰，提高制度的整体效益。

二、起草过程和主要考虑

按照党中央部署，制定海南自由贸易港法列入了十三届全国人大常委会立法工作计划。全国人大常委会高度重视这项立法工作，栗战书委员长专门听取海南专题汇报并对相关工作作出部署，决定成立以王晨副委员长担任组长的海南相关立法调研小组，有关专门委员会负责同志、常委会办公厅有关负责同志和部分常委委员参加调研小组。调研小组多次听取汇报、召开座谈会并几次赴海南调研，听取对立法工作的意见建议。全国人大常委会法制工作委员会扎实做好相关具体工作，委托专家开展专题研究，搜集整理国内外资料，多次与国务院有关部门和海南省共同研究。在此基础上，经反复研究修改，并征求中央和国家机关有关部门、海南省意见，形成了海南自由贸易港法草案。

起草工作着重把握以下几点：

一是，及时将习近平总书记关于海南自由贸易港建设的指示精神和党中央关于海南自由贸易港建设的决策部署法律化、制度化。习近平总书记关于海南自由贸易港建设的重要讲话和指示精神具有重大指导意义，党中央关于海南自由贸易港建设的决策部署是经统筹考虑、科学谋划后确定的，海南自由贸易港法要以此作为基本遵循，并依据《关于支持海南全面深化改革开放的指导意见》和《海南自由贸易港建设总体方案》设计各项法律制度和具体条文。

二是，坚持海南自由贸易港法的原则性、基础性定位。重点围绕贸易投资自由化便利化这一中心任务，着眼于基本框架和关键制度，制定一部在海南自由贸易港法律法规体系中起龙头作用、具有统领性质的法律。考虑到海南自由贸易港建设各方面工作还处于起步和探索阶段，法律条文可以概括一点、原则一些，构建起海南自由贸易港建设法治保障的“四梁八柱”，为海南自由贸易港建设提供必要的制度供给，同时为改革发展预留空间。

三是，体现中国特色和借鉴国际经验相结合。在具体的制度设计上，参考国际先进成熟自由贸易港的建设经验，注重与国际通行的高水平经贸规则相衔接，同时立足我国国情和海南实际，围绕国家赋予海南的战略定位，充分发挥海南优势，聚焦“推进中国特色自由贸易港建设”的目标，鼓励发展旅游业、现代服务业和高新技术产业，确保海南自由贸易港建设的正确方向。

四是，在保证国家法制统一的前提下赋予海南更大改革自主权。按照党中央要求“赋予海南更大改革自主权”“给予充分法律授权”的精神，授予海南更大的立法权限，由海南省人大及其常委会制定海南自由贸易港法规。这样，既确保党中央集中统一领导和国家法制统一，又有利于海南进行全面深化改革开放的探索。

三、海南自由贸易港法草案的主要内容

草案分为八章，包括总则、贸易自由便利、投资自由便利、财政税收制度、生态环境保护、产业发展与人才支撑、综合措施、附则，共五十四条，主要有六个方面的内容：

（一）关于管理权限和授权立法。一是管理权限，规定国家建立海南自由贸易港建设领导机制和与海南自由贸易港建设相适应的行政管理体制，国务院及其有关部门根据实际需要，依法授权或者委托海南省人民政府及其有关部门行使相关管理职权。二是授权立法，授权海南省人民代表大会及其常务委员会根据本法，结合实际需要，制定海南自由贸易港法规，涉及法律保留事项或者依法应当由国务院制定行政法规事项的，应当分别报全国人民代表大会常务委员会或者

国务院批准后生效。

（二）关于贸易投资自由化便利化。一是货物贸易，确立“一线放开、二线管住”的货物贸易监管模式，对其他国家和地区进出海南自由贸易港的货物、物品实行清单管理，清单外的货物、物品自由进出；由海南进入国内其他地区（以下简称内地）的货物，原则上按进口规定办理手续，行邮物品按规定进行监管，运输工具简化进口管理；货物、物品及运输工具由内地进入海南自由贸易港按国内流通管理。二是服务贸易，规定对于负面清单以外的跨境服务贸易，按照内外一致的原则管理，并实施相配套的资金支付和转移制度。三是投资准入和市场准入，规定对外商投资实行准入前国民待遇加负面清单管理制度，适用放宽市场准入特别清单，推进市场准入承诺即入制。

（三）关于税收制度。一是简税制，规定海南自由贸易港逐步简化税制。二是“一线”零关税，规定全岛封关运作、简并税制前，对部分商品免征关税、进口环节增值税和消费税，全岛封关运作、简并税制后，对进口征税商品目录以外的商品免征进口关税。三是货物、物品进出“二线”的税收管理，规定货物由海南自由贸易港进入内地，原则上按照进口货物征税；物品由海南自由贸易港进入内地以及货物、物品由内地进入海南自由贸易港的税收管理办法，由国务院有关部门会同海南省制定。四是低税率，规定对海南自由贸易港内符合条件的企业和个人实行所得税优惠。

（四）关于生态环境保护。一是海南自由贸易港实行最严格的生态环境保护制度，规定年度考核环境保护目标完成情况一票否决制和生态环境损害责任终身追究制。二是生态空间管控，规定海南自由贸易港推进国土空间规划体系建设，实行差别化的自然生态空间用途管制，构建以国家公园为主体的自然保护地体系，严格保护海洋生态环境。三是生态风险防控，规定海南自由贸易港实行严格的进出境环境安全准入管理制度，提升突发生态环境事件应急准备与响应能力。

（五）关于产业发展、人才支撑和综合措施。一是明确国家支持海南自由贸易港建设开放型生态型服务型产业体系，发展旅游业、现代服务业和高新技术产业等实体经济，促进数字经济发展，实行高度自由便利的运输政策等。二是规定海南自由贸易港建立市场导向的人才引进、认定和使用机制，在出境入境管理、停居留政策、外国人工作许可、参加职业资格考试、境外专业资格认定等方面实行更加开放的政策。三是授权海南省人民政府审批由国务院审批的农用地转为建设用地和土地征收事项，按规定对土地布局调整进行审批。四是规定充分利用闲置土地，以出让方式取得土地使用权进行开发的土地，超过出让合同约定的竣工日期一年未竣工的，应当在竣工前每年征收出让土地现值一定比例的土地闲置费，具体办法由海南省制定。五是规定坚持金融服务实体经济，分阶段开放资本项目，推动跨境贸易结算便利化，允许经批准的金融机构经营离岸金融业务。六是规定建立风险预警和防控体系，防范、化解贸易、投资、金融、网络与数据、人员流动和公共卫生等方面的重大风险。

（六）关于过渡性措施。草案立足于满足全岛封关运作、简并税制后的立法需求，对主要的制度措施进行规定。对海南自由贸易港全岛封关运作、简并税制前的过渡性措施，国务院及其有关部门和海南省可以根据本法规定的原则，按照职责分工，制定具体办法。

海南自由贸易港法草案和以上说明是否妥当，请审议。